AF371124

MONSIEUR CHOSE,

O U

LA FOIRE DE PANTIN,

FOLIE - VAUDEVILLE,

EN UN ACTE.

Par MM. *****.

Représentée pour la première fois, à Paris, au Théâtre des Variétés, boulevard Montmartre, le 21 Janvier, 1809.

~~~~~~~~~~

A PARIS,

Chez Madame CAVANAGH, Libraire du Théâtre des Variétés, Passage du Panorama, N°. 5, près du Boulevard.

1809.
~~~~~~~~~~

●●●●●●●● ●●●●●●●●●●●●●●●●●●●●●●●●●●●●●●●●●●●●●●●

PERSONNAGES.   ACTEURS.

M. MAROQUIN, relieur, sous le nom
de M. Chose.   M. BRUNET.

Mademoiselle THERESE , amante
de M Chose.   Mad. DROUVILLE.

DUFOUR, suivant les foires, avec
Mademoiselle Thérèse, en Pierrot. M. LIEZ.

BOISJOLI, jeune dessinateur, amant
de Félicité, en escamoteur, sous le
nom de Muscade.   M. CAZOT.

Madame RODRIGUE, mère de Félicité.   Mad. VAUTRIN.

FELICITE, sa fille.   Mlle. ALDÉGONDE.

JAVOTTE, petite savoyarde, mon-
trant la lanterne magique.   Mlle. PAULINE.

PETIT JACQUES, son frère.   Mlle FLORE.

GROS-PIERRE, meneur d'ours.   M. TIERCELIN.

CHERUBIN, montrant les marionnettes.   M. BLONDIN.

GUILLERI, diseur de bonne aventure.   M. LEFEBVRE.

Une Marchande de plaisirs.   Mlle. HUGOT.

La Marchande de passe-lacets.   M. ODRY.

Habitants , Habitantes de Pantin.

MONSIEUR CHOSE.

Le théâtre représente la place publique de Pantin: Au lever du rideau, la scène est occuppée par un jeu de quilles. A droite, un cabaret et quelquestables; à gauche, une ménagerie. Plus loin, une baraque à marionnettes.

SCENE PREMIERE.
BOISJOLI, GUILLERI, Buveurs.

GUILLERI.

Gare les jambes, ceux qu'en ont.

BOISJOLI.

Neuf, et partie.

GUILLERI

Air : *Du ballet des Pierrots.*

Ce jeu là, mes amis, j'espère,
Est un jeu fort divertissant;
Mais songez qu'il est nécessaire,
De n'y jamais faire chou blanc.
Tenez, donnez-moi cette boule,
Puis à présent regardez là;
Je la pousse, elle roule, roule,
C'est ainsi que le monde va.

BOISJOLI

Même air.

Ce jeu nous peint ce qu'à la ronde,
Nous pouvons tous voir chaque jour.
Les quilles sont le pauvre monde
Heurté, renversé tour à tour...
Et le riche, comme une boule,
Courant, poussant par-ci, par là,
Sur son char, roule, roule, roule,
C'est ainsi que le monde va.

GUILLERI.

Ah! çà, tu me donneras ma revanche?

BOISJOLI.

Sans doute, mais auparavant, paie le vin que tu as perdu... Garçon !

(*Un garçon paraît.*)

Air : *Dans la paix et l'innocence.*

Au plaisir, tout nous invite,
Ainsi donc sans te gêner
Apporte-nous au plus vîte,
Ici de quoi déjeûner.
Joins aux gâteaux de Nanterre,
Cuits dans le four du voisin,
Deux bouteilles du Tonnerre,
Que l'on récolte à Pantin.

GUILLERI.

Ah ! çà , mais où est donc allé Grospierre ?

BOISJOLI.

Le meneur d'ours ? je l'ai envoyé quelque part, il ne doit pas tarder. Justement le voilà.

SCENE II.

Les Précédens , GROSPIERRE.

GUILLERI.

Dépéche toi , mon garçon , si tu ne veux pas que la bouteille se vide sans toi.

BOISJOLI.

Il faut d'abord qu'il me rende compte de sa commission. Achève , j'en paierai une autre après.

GUILLERI.

C'est dit.

GROS-PIERRE

Le billet a été remis à la jeune personne , par une marchande de plaisirs qui l'a enveloppé avec une douzaine de macarons qu'elle lui a vendus.

BOISJOLI.

Bon. As-tu averti Petit Jaques et sa sœur de se tenir ici avec leur lanterne magique ?

GROS-PIERRE.

Ils répètent leurs rôles , en la montrant aux passans, et ils se rendront ici quand il le faudra.

BOISJOLI.

Il suffit. Garçon ! une seconde bouteille.

GROS-PIERRE , *s'asséyant.*

Ah ! çà , dites-donc, vous autres, croyez-vous qu'il y ait de l'argent à gagner à la fête de Pantin ?

GUILLERI.

Je compte bien en gagner moi, en disant la bonne aventure.

Air : *Aux montagnes de la Savoie.*

Chacun se fie à ma promesse ;
Aux vieillards je promets l'argent ;
Puis au jeune homme une maîtresse ;
A jeune fillette , un amant,
Et pour deux sous donnés d'avance,
On a plaisir, bonheur , argent... en espérance.

BOISJOLI.

Je suis fâché de vous le dire , mes amis , mais je suis pour vous un dangereux rival.

GROS-PIERRE.

Un escamoteur !... Ah ! c'est pas l'embarras.

Air : *L'Amour a gagné sa cause.*

Je sais fort bien qu'en ce moment
On aime fort l'escamotage,
Et ce métier est excellent,
Si l'on veut vivre en homme sage ;
Mais redoutez le cabaret,
Ou bien on verrait sans merveille,
Tout l'argent qui vient du gob'let,
Retourner à la bouteille.

GUILLERI.

Cela se pourrait bien, mais en attendant, il faut qu'il me donne ma revanche. Allons, au jeu

BOISJOLI.

Je n'ai pas le temps. Mais j'apperçois le montreur de marionnettes qui vient de chez le menuisier faire raccomoder les bras de ses acteurs ; il prendra ma place.

SCENE III.

Les Précédens, CHERUBIN.

GROS-PIERRE, *a Chérubin.*

Eh ! bien, Cherubin, es-tu en état de recommencer tes représentations ?

CHERUBIN.

Mais, oui. (*Tirant successivement ses marionnettes de sa poche.*)

Air : *Tenez, moi, je suis un bon homme.*

J'ai fait mettre une tête entière
A mon Paillasse démonté,
Deux jambes à mon commissaire
Qui marchait toujours de côté.
Enfin cette perruque grise
A mon procureur que voilà,
Pour qu'il donne un peu plus de prise,
Au diable qui l'emportera.

GUILLERI.

Et ton Polichinelle ?

CHERUBIN.

Air : *Depuis long-temps je me suis apperçu.*

Depuis long-temps je m'étais apperçu
Qu'il devenait chaque jour moins bossu.
Pour l'arrondir, j'ai donné de l'argent,
J'en suis fâché, car personne vraiment
Ne donne plus dans la bosse à présent.

GUILLERI.

Ah ! çà, dites-moi donc, à quelle heure commence la fête ?

CHÉRUBIN.

A midi sonnant. L'adjoint du maire en fera l'ouverture.

GUILLERI.

En ce cas, faisons encore une partie. (*A Chérubin.*)
Veux-tu prendre la place de Muscade ?

CHÉRUBIN.

Volontiers.

GROS-PIERRE.

Moi, je vais chercher à diner à mes pensionnaires.
(*Il va pour sortir.*)

BOISJOLI , *le rappellant.*

Dis-moi donc, tu n'as pas appris quel est l'homme
que madame Rodrigue destine à sa fille ?

GROS-PIERRE.

Elle ne reçoit d'autre visite que celles d'un espèce d'ours
dont la tanière est à deux pas d'ici, un inconnu qui vient
on ne sait d'où, et qui ne s'apprivoise que pour Mlle
Félicité.

BOISJOLI.

Son nom ?

GROS-PIERRE.

M. Chose ; on ne lui en connait pas d'autre ; madame
Rodrigue le regarde comme un philosophe, et tout le
monde court après lui comme un loup-garou.. c'est le
plus singulier original... Mais il faut que j'aille à la provi-
sion ; pardon si je vous quitte, je vais tâcher de savoir du
nouveau, et au retour. je vous en instruirai. (*Il sort*)

SCENE IV.

BOISJOLI, GUILLERI, CHÉRUBIN, Joueurs,

Buveurs.

BOISJOLI.

Et je me laisserais enlever ma maîtresse par un pareil
homme ! Non , certes, sous ce déguisement, je trouverai
le moyen de parler à Félicité , et parbleu nous verrons.

SCENE V.

Les Précédens , M. CHOSE.

M. CHOSE , *entrant un livre à la main.*

Illustre concitoyen du lac de Genéve ! que ton Contrat
Social est bien autre chose que les minutes du notaire de
Pantin ! quel style ! quelle onction ?

(*Il reçoit une quille dans les jambes.*)

Air : *J'aime la force dans le vin.*

Messieurs, prenez donc garde à vous.

GUILLERI.

Prends y plutôt garde toi-même.

CHÉRUBIN.

Pourquoi t'exposer à nos coups ?

M. CHOSE.

Mais leur impudence est extrême.
Rien de semblable ne s'est vu,
Faut-il donc que parmi ces drilles,
Un philosophe soit reçu
Comme un chien dans un jeu de quilles.

GUILLERI.

Un philosophe à Pantin ?

M. CHOSE.

Comme ailleurs ; pourquoi pas ?

GUILERI.

Va philosopher plus loin.

BOISJOLI, *à part.*

C'est lui, tâchons d'engager la conversation.

CHERUBIN.

D'ailleurs çà n'aime pas le monde, un philosophe ,
d'où vient que tu te montres où il y en a.

M. CHOSE, *à part.*

S'il savait que l'amour y règne despotiquement par-
lant, dessus le cœur de ce philosophe , et que c'est pour
en distinguer l'objet qu'il se produit sur la place publique
de Pantin.

CHERUBIN, *à Guilleri.*

Dis donc, celui qui abattra le philosophe, çà lui comp-
tera neuf.

M. CHOSE.

Souffrez que je vous représente..

CHÉRUBIN.

Va représenter ailleurs.

BOISJOLI.

Monsieur a l'air d'un honnête homme , pourquoi l'in-
sulter ? (*A M. Chose.*) Venez avec moi. Monsieur, je
sais apprécier le mérite, et ..

CHERUBIN.

A la bonne heure , *si tu le* prends sous ta protection ,
je lui ferai grace , aussi bien , je vais préparer tout ce qui
m'est nécessaire pour continuer mes représentations :
mais qu'il ne s'y trouve pas quand je reviendrai.

(*Ils sortent.*)

SCENE VI.

M. CHOSE, BOISJOLI.

BOISJOLI.

Air : *On se chagrine trop vîte.*

Croyez-moi, laissez-les faire.

M. CHOSE.

Aussi fais-je, sur ma foi.

BOISJOLI.

Pour calmer votre colère
Buvez un coup avez moi.

M. CHOSE.

Volontiers.

De me vaincre, je fais gloire,
Et tel irrité qu'il soit,
Un philosophe sait boire

Il boit.

Tous les affronts qu'il reçoit.

Monsieur, n'est pas un habitué de Pantin ?

BOISJOLI.

La circonstance m'y amène, je viens à la foire escamoter.

M. CHOSE.

Escamoter !

BOISJOLI.

Une jeune personne de dix huit ans, et je compte sur
vous pour que le tour ne manque pas.

M. CHOSE.

Qui, moi, vous servir de compère ! jamais.

BOISJOLI, *tenant la bouteille.*

Encore un coup.

M. CHOSE.

Je n'en ferai rien.

BOISJOI, *prêt à lui verser.*

Vous ne voulez pas ?

M. CHOSE, *présentant son verre.*

Boire, si fait. Mais me prêter à vos vues, du tout ; quand
pour me soustraire aux yeux du globe, je me réfugie en
ce village, vous sentez bien que ce n'est pas pour devenir escamoteur adjoint.

BOISJOLI.

En ce cas, pourquoi venir sur cette place ?

M. CHOSE.

Comme dit Esope, dans une des fables de la Fontaine :

Amour, amour, quand tu nous tiens,
On peut bien dire : adieu prudence.

BOISJOLI,

Vous amoureux ! un philosophe !

M. CHOSE.

Comme dit Tartuffe, dans la comédie des Femmes
Savantes :

Pour être philosophe, on n'en est point moins homme.

(*Se frapant le front.*) Maudits cousins ! ça vous fait..

BOISJOLI.

De quelle secte êtes-vous ?

M. CHOSE.

Des piquures, des piquures effroyables. (*Voyant que Boisjoli le dessine.*) Qu'est-ce que vous faites donc là, monsieur ?

BOISJOLI.

Pas grand chose , votre portrait.

M. CHOSE.

Mon portrait ! je ne souffrirai pas...

BOISJOLI.

Il ne me reste plus qu'à vous tirer les oreilles , après cela je vous ferai graver.

Air *de la pipe de tabac.*

Bientôt sur une tabatière ,
Où l'on vous verra figurer ,
Mon cher monsieur . la France entière,
Va grace à moi vous admirer.
Et dans cette caricature ,
On ne pourra , tant j'ai le tact,
Sans penser à votre figure ,
Prendre une prise de tabac.

M. CHOSE.

C'est très flatteur sans doute , mais...

BOISJOLI.

Point de remercîmens , je vais faire de mon esquisse un usage excellent, je vous en réponds. *(Il sort.)*

SCENE VII.

M. CHOSE , *seul.*

Il est vraiment sans gêne , cet escamoteur qui vient là m'escamoter ma figure pour la mettre sur une tabatière ; mais songeons à nos amours , à cette jeune et intéressante Félicité , jettée au hazard, comme une rose dans les bosquets de Pantin.

Air : *Que Pantin serait content.*

Que Chose serait content,
S'il avait l'art de te plaire;
Que Chose serait content,
S'il te plaisait pour amant.

SCENE VIII.

M. CHOSE , GROS-PIERRE.

GROS-PIERRE , *en entrant.*

Voici à dîner pour mes élèves allons les faire mettre à table.

M. CHOSE, *à part.*

Ciel ! encore un homme : soustrayons nous à ses regards.

GROS-PIERRE, *à part.*

Voila le philosophe ! parbleu, je verrai sa figure, à la fin.

(*Il va à lui, M. Chose se détourne.*)

Eh ! mais, je ne me trompe pas.

M. CHOSE.

Si fait, mon ami.

GROS-PIERRE.

Sa figure, sa voix ; c'est lui, c'est mon ancien bourgeois, c'est M. Maroquin.

M. CHOSE, *à part.*

Reconnu, il n'y a plus à reculer. *à Gros-Pierre.* Eh ! bien, oui, mon ami, puisque tu me reconnais, je me divulgue à toi ; je suis ce Maroquin, ne me perds pas : je m'abandonne à ta discrétion

GROS-PIERRE.

Quel est donc ce mystère ? et pourquoi êtes - vous devenu philosophe à Pantin, sous un nom qui n'en est même pas un ?

M. CHOSE.

Ah ! mon ami, c'est un roman plus extraordinaire que tous ceux que tu as portés chez mes libraires. A peine m'avais-tu quitté, que je fis connaissance au bal champêtre de la barrière des deux Moulins, d'une jeune personne de vingt-huit ans, modelée sur la Vénus Callipige, c'était la fille d'un artiste vétérinaire, le maréchal du coin de la rue de la clef ; elle était ferrée sur toutes les sciences ; je lui fis d'abord quelques cadeaux au moyen de quelques petits volumes reliés en veau où elle me reconnut sur le champ. Je lui tournai bientôt une déclaration positive qui fut reçue avec faveur. Le père auquel je fis part de mon inclination naissante, daignait l'approuver, lorsqu'un maudit fabriquant de pots de terre, jeune homme à la vérité, dans l'aissance, et non moins bien partagé que moi des dons de la nature, se jette à la traverse avec 800 francs. Le père balance, la fille le renvoye à ses cruches ; il s'adresse à moi ; je lui cite la fable du pot de fer et du pot de terre ; il dédaigne une allégorie où je paraissais à mon avantage, et menace de me casser la figure avec son fonds de boutique. Je tenais alors une Encyclopédie in-folio, dernière édition avec les supplémens, la patience m'échappe, et, avec l'Encyclopédie, le malheureux expire sous le poids de tout l'esprit que je lui avais jetté à la tête.

GROS-PIERRE.

Alors vous n'avez eu rien de plus pressé que de
gagner pays.

M. CHOSE.

Je ramasse mes petites épargnes de vingt ans dans un
mouchoir à carreaux ; je me mets en route et j'arrive à
Pantin. Il y avait une maison à louer ; je m'y établis.

GROS-PIERRE.

Mais le nom de M. Chose ?

M. CHOSE.

C'est autre chose. Ce nom-là m'a été donné pas les petits
enfants de l'endroit qui ne connaissaient pas le mien, que
j'avais eu grand soin de cacher : leurs pères et mères ont
faits comme eux, et moi-même, j'ai pris l'habitude de
répondre à ce nom là. D'ailleurs...

Air : *Lon, lan, la, landerirette.*

Ici je m'appelle Chose,
Je ne veux pas d'autre nom :
Oui, mon cher, c'est que je n'ose
M'appeler par mon vrai nom,
Et j'aime mieux m'appeler Chose
Que de ne pas avoir de nom.

Mais j'apperçois deux dames à qui... ça ne te regarde
pas, retire-toi, et garde-moi le secret.   *Gros-Pierre sort.*

SCENE IX.

M. CHOSE, Mad, RODRIGUE, FELICITE.

M. CHOSE.

Abordons-les poliment, et disons leur quelque chose
de joli collectivement.

Mad. RODRIGUE.

Félicité, allons donc mademoiselle.

Air : *La mère Bontems.*

Toujours de l'humeur,
Quel détestable caractère,
De cet air boudeur,
Il faut tâcher de vous défaire ;
Malgré vos appas,
Vous ne plairez pas,
Si vous faites ainsi la prude ;
Charmer, doit être votre étude,
Plaisez a quinze ans,
Plus tard il n'est plus temps.

M. CHOSE.

Que dites-vous, belle dame ? vous prouvez-le contraire
de ce que vous dites.

Air *du charme de ma vie.*

Près de l'éclat d'un beau matin ,
J'admire un couchant frais encore ,
Près du soleil a son déclin ,
J'admire la naissante aurore.

Mad. RODRIGUE.

Il n'y a que lui pour dire les choses de cette manière
là. En vérité , monsieur , voilà un compliment auquel...
mais répondez donc , ma fille.

FÉLICITÉ.

Auquel nous ne savons que répondre , il est si flatteur...

M. CHOSE.

Moi , flatteur ! je dis la vérité comme elle vient , et
encore je ne dis pas tout ; je ne parle pas de cette force
d'attraction. Tenez belle Félicité.

Air : *Je vous comprendrai toujours bien.*

Par pitié laissez-vous fléchir ,
Cédez de grace a ma prière :
Vous aimer est mon seul plaisir ,
Mon seul désir est de vous plaire.
Ne contemplez pas froidement
Les feux du cœur le plus sincère ,
Allumés avec l'agrément ,
Et nés sous les yeux (ter.) d'une mère.

Mad. RODRIGUE , *à sa fille.*

Comment peux-tu résister à un amour...

M. CHOSE.

Si vrai , si pur , si senti.

On entend une trompette.

Mad. RODRIGUE.

Quel bruit entends-je ?

FÉLICITÉ.

C'est sans doute l'ouverture de la fête.

M. CHOSE.

Ces dames ne vont pas probablement rester au milieu
de la cohue , veulent-elle bien me permettre...

FÉLICITÉ.

Pourquoi donc, monsieur , j'aime les fêtes : ce tumul-
te là m'enchante.

M. CHOSE , *à part.*

Allons , me voilà forcé de rester en public malgré moi.

SCENE X.

Les Précédens, l'Adjoint du Maire, un Tambour, deux Gardes Champêtre, Villageois et successivement tous les Montreurs de Curiosités.

L'ADJOINT.

Air *de Paul et Virginie.*

Qu'en ce jour les ris et les jeux
Viennent dans ces aimables lieux,
Etablir leur riant empire.

Accourez tous sages et fous,
Du plaisir, c'est le rendez-vous,
On est heureux quand on sait rire.

TOUS.

Qu'en ce jour, etc.

CHÉRUBIN.

Air : *Eh ! gai, mon officier.*

Eh ! gai, gai, gai, mes chers amis,
    Qu'pour la fête,
    On s'apprête,
Puisqu'aujourd'hui dans ce pays,
  Le plaisir est permis.

Je nous en donn'rons une dose,
Puisque pour de l'argent,
Chacun d'nous se dispose,
A fair' voir son talent.

TOUS.

Eh ! gai, gai, gai, etc.

M. CHOSE, *à part.*

Si quelqu'autre encore allait me reconnaitre ! quel coup foudroyant !

GUILLERI, *avec son tuyau de fer blanc.*

Air : *La bonne aventure, ó gué.*

Je sais l'passé, le présent,
Tout comme une augure ;
Je connais l'av'nir vraiment,
Comme une peinture ;
Des cartes je sais l'dessous,
Et j'vous dirai pour deux sous,
  La bonne aventure
   A tous,
  La bonne aventure.

M. CHOSE *à Félicité..*

Si mademoiselle voulait se fairedire sa bonne aventure, j'en ferais la dépense,

(14)

BOISJOLI, *jouaut des gobelets.*

Air : *Et zig , et zig , zog.*

Et tic , et tic , et tic , et tac ,
Voyez comm' j'ai le tact,
L'escamoteur ambulant ,
Va vous montier son talent.

Rien n'égale mon adresse :
J'escamote avec finesse ,
Argent, mouchoirs , bijoux , mais...
D'une si fine manière ,
Que si vous me laissiez faire ,
Vous ne les r'verriez jamais.

On l'entoure.

TOUS.

Et tic , et tic , et tic , et tac , etc.
Voyez comme il a l'tact , etc.

FELICITE.

Oh ! maman , voyons l'escamoteur , cela m'amusera.

M. CHOSE.

Allons , donc , mademoiselle , rien de si commun.

GROS-PIERRE *sortant de sa ménagerie avec un ours.*

Air *de la danse de l'ours.*

De ce côté , venez ,
Vous verrez
Un ours étonnant
Par son talent ;
Il danse la Treniz ,
Il passe un six ,
Et saute encor plus fort
Que Duport.
Sur corde en souplesse ,
En prestesse ,
En adresse ,
Il est tel ,
Qu'il franchit l'espace
Avec grace ,
Et surpasse Ravel.

De ce côté , venez , etc.

M. CHOSE , *à Félicité.*

J'espère par exemple, mademoiselle, que vous ne refu-
serez pas de voir l'ours savant *A part.* Je ne puis que
gagner à la comparaison.

FELICITE.

Fi donc ! j'ai toujours eu peur de ces bêtes là.

M. CHOSE.

Quand vous serez ma femme , je vous y accoutume-
rai. *Gros-Pierre fait rentrer l'ours dans sa ménagerie.*

SCENE XI.

Les Précédens , PETIT-JACQUES , JAVOTTE, un homme qui porte sur son dos sa curiosité.

JAVOTTE.

Air *de la Dansomanie.*

Messieurs , mesdam' , voici
La petite Javotte ,
Venez voir sa marmotte ,
Accourez tous ici.

Mieux que fille de France ,
Avec un air luron ,
Faut voir comme elle danse
Son petit rigaudon.

Elle a besoin
De faire son tour de France.
Tout en cadence ,
Une fillette va loin ;
Mais faut oui da ,
Queuqu'chose pour ça.

Messieurs , mesdam' , voici, etc.

JAVOTTE , *criant.*

Lanterne magique , qui veut voir ?

PETIT-JACQUES.

La pièce curieuse.

Air *de la Vallée de Barcelonnette.*

On y voit l'modeste savant,
Le gazetier véridique ,
L'commis honnête , ah ! c'est vraiment
La lanterne magique.
On y voit l'honneur triomphant,
Et la vertu toujours heureuse,
La femm' fidelle , ah ! c'est vraiment
La pièce curieuse.

Même air.

JAVOTTE.

On voit un jeune homme charmant ,
Dans un char magnifique ,
Ne devant rien , ah c'est vraiment
La lanterne magique.
On voit dans un palais brillant ,
Une fillette vertueuse ,
V'nant de Paris , c'est là vraiment
La pièce curieuse.

M CHOSE.

Tout ça paraît-il de grandeur naturelle ?

JAVOTTE.

Not' verre éloigne ou rapproche, grossit ou diminue
suivant les objets.

PETIT-JACQUES.

Air : *Jeune Voyageur.* (Piccini.)

Le goût préside a nos tableaux,
Et dans not' lanterne magique,
On se plaît aux effets nouveaux
Que sait produire notre optique.
Pour prouver que j'savons souvent
Sur le fait prendre la nature,
Je faisons voir l'orgueil en grand,
Et le mérite en miniature.

JAVOTTE.

Même air.

De plus d'un crésus insolent,
Dans l'lointain j'faisons voir la chûte,
De l'intrigue avec le talent,
Sous les yeux, je mettons la lutte.
D'un homme en place, ou d'un amant,
Nos tableaux faits d'après nature,
Font voir les promesses en grand,
Et les effets en miniature.

M. CHOSE.

Peste ! mais c'est charmant ! faut voir çà.

JAVOTTE, *déclamant.*

Et les plus jolies de Paris ; le Pont-Neuf et les bains
Vigier, la Monnaie qui se tient droite, et la Sainte-
Maritaine qui penche, et les jardins de Tivoli où l'on a
vu dernièrement les fêtes de la grande armée.

Air : *Gai Coco.*

Après maintes campagnes,
Passant plus d'une montagne,
Du fond de l'Allemagne,
Venez voir ces guerriers,
Ces enfans de la gloire,
Jamais las de victoire,
Vont pour orner l'histoire,
Cueillir de nouveaux lauriers ;
Car l'aigle de la France,
Du succès d' sa présence,
Est assuré d'avance,
    Gai Coco. (ter.)
D'vant lui l'enn'mi danse
Comme un p'tit marmot. (ter.)

Gros-Pierre danse sur le refrein, avec ses petits savoyards.

PETIT-JACQUE.

Nous avons de plus des histoires toute entières,
représentées en action, comme par des personnes
naturelles.

JAVOTTE

J'en avons une là dedans qui s'appelle Aristote l'amoureux, ou le Philosophe pris au trébuchet

Air : *L'Amour est un dieu.* (de Haine aux Femmes.)

> C'est morgué d'l'istoire ancienne,
> Que c'philosophe amoureux,
> Et l'sujet en est heureux,
> Car gn'a pas d'sagess' qui tienne,
> Lorsque l'on voit deux beaux yeux.
> Le pus jeun' comme l'pus vieux,
> Sent allumer tous ses feux.
> Mais j'adresse à la vieillesse
> C'proverbe dont je m'souviens,
> Sur l'arbre de la tendresse,
> L'fruit trop mur n'est bon à rien.

M. CHOSE.

Petits, pour des Savoyards, vous en savez bien long : je croyais que les montagnards, hommes de la nature, ignoraient les vices d'une multitude effrénée et policée, par les désavantages de la civilisation.

JAVOTTE, *à Félicité.*

Si Mademoiselle voulait, je lui ferais voir une jolie scène de comédie, et qui l'amuserait.

M. CHOSE.

C'est dommage qu'il n'y ait pas deux places, je prendrais celle d'à-côté.

PETIT-JACQUES.

Vous gêneriez.

Mad RODRIGUE.

Eh! bien ma fille, passe la première, tu nous diras si çà en vaut la peine.

Madame Rodrigue et M. Chose s'asséyent. Tout le monde est occupé, et Félicité se met à la petite lucarne. Javotte ouvre la porte du fond, et Boijoli vient s'y placer.

FELICITE.

Ah ! mon dieu!

Mad. RODRIGUE.

Qu'y a-t-il donc ?

FELICITE.

Rien. C'est le premier mouvement.

JAVOTTE.

Attention, je vous prie, voici l'explication du sujet.

Air : *Une petite fillette.*

> Une petite fillette
> Avait un amant
> Charmant;
> Mais la maman d'la pauvrette,
> Préférait un autr' galant.

Un sot pédant,
Bien ignorant,
Qu'était loin d'plaire à la fillette ;
Mais le jeune amant pour causer,
Près d'la belle sait se glisser,
Un p'tit baiser,
N'peut s'refuser.

M. CHOSE

Ah ! comme l'illusion y est, j'ai entendu le bruit des lèvres.

JAVOTTE, *continuant*

Pendant c'temps-là, l'rival obtus,
Trente-six chandell's et l'nez dessus,
Est présent et n'y voit pas plus. (bis.)

M. CHOSE.

A mon tour, à présent.

Il se place à la lucarne de la lanterne, Boijoli lui don-
ne une croquignole, et referme le fond de la lanterne
magique.

Eh ! ben, qu'est-ce que çà veut donc dire ?

Mad. RODRIGUE.

Qu'avez-vous donc vu ?

M. CHOSE.

Rien, mais j'ai senti.

FÉLICITE.

Quoi donc ?

M. CHOSE.

Et parbleu, une croquignole, mais j'en aurai raison.

GUILLERI, *l'arrétant.*

Air *du camp du grand pré.*

Avez-vous rêvé d'pierre ?
Avez-vous rêvé d'pain ?
Avez-vous rêvé d'bierre ?
Avez-vous rêvé d'vin ?
Avez-vous rêvé d'flammes ?
Avez-vous rêvé d'plats ?
Avez-vous rêvé d'lames ?
Avez-vous rêvé d'femmes ?
Avez-vous rêvé d'chats ?

M. CHOSE.

Et non par tous les diables, j'ai dormi comme un sourd.

LA MARCHANDE DE PLAISIRS.

Biscuits, macarons, plaisirs, faites tourner, vous me porterez bonheur.

M. CHOSE.

Allons, il est décidé que je ne pourrai pas...

LA MARCHANDE A LA TOILETTE.

Des jarretières élastiques, des brosses à dents, essence de Constantinople.

M. CHOSE.

Laissez-moi , donc , et allez au diable.

Il s'enfuit.

Mad. RODRIGUE.

Comment ! M. Chose , nous laisse-là ! c'est bien mal-
honnête. Viens ma fille.

Elle sort avec Félicité.

SCENE XII.

Les Précédens , Excepté M. CHOSE , Mad. RODRI-
GUE , FELICITE.

BOISJOLI , *attachant le portrait de M. Ghose , à la ménagerie.*

J'espère qu'en exposant ainsi notre philosophe à la
risée publique , force lui sera de déguerpir , et qu'alors...

SCENE XIII.

Les Précédens , GROS-PIERRE.

GROS-PIERRE.

Grande nouvelle , monsieur , grande nouvelle. Je connais le philosophe , c'est un relieur du mont Saint-Hilai-
re , chez qui j'ai travaillé du temps que je portais les cro-
chets ; il a fait une inclination , a eu un rival , s'est bat-
tu avec lui , a cru l'avoir tué , et s'est venu cacher à
Pantin. Autre nouvelle encore , je viens de voir arrivér
sa belle , en marchande de vulnéraire suisse , suivie de
M. Dufour , habillé en Pierrot , c'est l'homme que M.
Chose croit avoir tué. Quelle reconnaissance nous allons
faire !

SCENE XIV.

Les Précédens , THERESE , *montée sur un char ,*
DUFOUR , *en Pierrot , sonnant de la trompette.*

CHOEUR.

Air . *Dans le cœur d'une cruelle.*

Quelle est la beauté nouvelle
Qui fixe chaque regard ?
Est-ce donc une immortelle
Que nous voyons sur ce char.

PIERROT.

Je vous amène
Une femme à grand talent ,
Et qui vend à tout venant ,

Le bon onguent,
Miton Mitaine.

TOUS.

Il nous amène, etc.

THERESE.

Oui, messieurs et dames, je me présente à Pantin, munie de lettres, patentes de la faculté de Mont-pellier, et d'une permission de Monsieur le Maire, pour avoir l'avantage de vous être utile, si j'en étais capable. Dans toutes les villes et villages où j'ai passé, j'ai remporté les suffrages des habitans.

PIERROT.

Et leur argent.

THERESE.

Vous me demanderez, messieurs et dames de quoi guérit mon spécifique: il guérit de tous les maux généralement quelconques que l'on se trouve dans le cas de posséder.

PIERROT.

Et qu'est-ce que vaut ce remède universel ? rien, messieurs, et mes dames, moins que rien.

THERESE.

N us avons des boîtes de six francs, nous en avons de trois livres, de trente sous, de quinze sous, de six.

PIERROT.

Et comme il y a plus de petites fortunes que de grandes, nous en avons de deux sous, qui sont tout aussi bonnes que celles de six francs.

THERESE.

De plus, nous avons le vingt-deuxième dépôt de la véritable eau de Cologne à quinze sous le rouleau; ce n'est pas tout.

Air *du Vaud. de Claudine.*

Pour rendre les dents très-blanches,
J'ai des boîtes de corail.

PIERROT.

Je m'en sers tous les dimanches,
Aussi, voyez quel émail.

THERESE.

En dépit de la nature,
On s'embellit par mon eau.

PIERROT.

Je m'en lave la figure,
Voyez comme je suis beau.

THERESE.

De plus, j'arrache les dents, sans aucune espèce de douleur.

PIERROT.

Ah ! mon dieu, oui, sans que cela lui fasse le moindre mal.

THERESE.

Je vous ai déjà dit Pierrot . . .

GROS-PIERRE.

Dites-donc. j'ai dans ma ménagerie quelqu'un de malade, croyez-vous qu'une boîte de deux sols puisse le guérir.

PIERROT.

Je le crois bien.

Air *du Vaudeville de Figaro.*

La meilleure des recettes,
Avec lui n'a rien d'égal ;
Sans ses qualités parfaites,
Notre onguent se vendrait mal ;
Mais comme il guérit les bêtes,
C'est ce qui fait, mon enfant,
Que beaucop de monde en prend.

GROS-PIERRE.

Et il ne faut rien pour çà ?

PIERROT.

Ah ! mon dieu, rien que deux sous : en vérité, ce n'est pas la boite.

GROS-PIERRE.

C'est pour mon perroquet qui a une paralysie sur la langue ; le plus joli animal ; tenez, voilà son portrait à côté de cette vilaine tête.

THERESE.

Juste ciel ! quel est ce portrait ?

GROS-PIERRE.

C'est celui d'un animal, moitié homme et moitié ours, que l'on m'a promis, et que j'expose là en attendant.

THERESE.

Et l'original ?

GROS-PIERRE.

Il est ici, tantôt je le ferai voir pour deux sous.

THERESE.

Après tant de courses, de recherches, je le retrouve donc, cet aimable relieur, ma première et unique inclination, dont je fus séparée par les circonstances orageuses, je le retrouve à la porte d'une ménagerie, à Pantin!

GROS-PIERRE, *à Boisjoli*

Ne vous avais-je pas bien dit ?

BOISJOLI, *à Thérèse.*

Ah ! madame, quelle rencontre heureuse pour vous et

pour moi ! un jour plus tard , vous perdiez votre amant ,
il allait épouser ma maîtresse , mais puisque vous voilà ,
permettez que je le ramène à vos pieds.

THERESE.

Oui , pourvu que vous ne l'enfermiez pas dans cette
ménagerie.

PIERROT.

Et moi donc , Madame , qui ne vous ai suivi que
dans l'espoir de vous épouser.

THERESE.

Je te récompenserai autrement ; en attendant , va
remiser la voiture.

PIERROT.

Mais , Madame...

THERESE.

Va remiser.

Pierrrot sort.

SCENE XV.

**THERESE, BOISJOLI, GROS-PIERRE, PIERROT,
M. CHOSE**, *entrant du côté opposé à celui par lequel
Pierrot est sorti.*

M. CHOSE.

J'ai encore les oreilles troublées. *Appercevant Thérèse.*
Dieu ! que vois-je ? Thérèse ! ô catastrophe.
*Il se jette dans la ménagerie; l'ours en sort et l'embrasse;
M. Chose se débat, et arrête l'ours, et va le renfermer.*

THERESE.

Arrête , perfide , reconnais moi.

M. CHOSE.

Je vous reconnais.

THERESE.

Et ton cœur ne vole pas au devant du mien ?

M. CHOSE.

Je ne puis vous dissimuler , Madame , qu'ignorant
votre destinée , j'ai pris des engagemens ultérieurs que
je me sens disposé à remplir.

THERESE.

Tu n'as pas aimé ?

M. CHOSE.

Qui te l'a dit.

THERESE.

Ton rival qui est allé raconter tout à la mère , et va
te faire chasse..

M. CHOSE.

Quand j'aurai la certitude . . .

SCENE XVI.

Les Précédens , Mad. RODRIGUE , FELICITE , BOISJOLI , *avec son costume ordinaire.*

Mad. RODRIGUE , *en entrant.*

Si la chose est comme vous dites , je retire ma parole à cet aventurier, et ma fille est à vous.

BOISJOLI.

Madame , vous assurera que ce M. Chose . . .

THERESE.

N'est autre qu'un relieur, mon amant , M. Maroquin.

Mad. RODRIGUE , *à M. Chose.*

D'après cela , monsieur . . .

M. CHOSE.

Je sais ce que vous allez me dire , évitez vous-en la peine, je me le tiens pour dit. Chère Thérèse , je me repents.

THERESE.

Eh ! bien , j'oublie tout ; je te rends mon cœur , je te donne ma main , et je partage avec toi ma fortune.

SCENE XVII et dernière.

Les Précédens , DUFOUR , en *Pierrot.*

PIERROT.

Madame , j'ai remisé la cariole.

THERESE.

Dis donc le char , impertinent.

M. CHOSE

C'est Dufour , dieu me pardonne , d'où sort-il ?

THERESE.

Dufour ? Depuis cinq ans, il s'est attaché à mon char , dans l'espoir de te remplacer.

M. CHOSE , *à Pierrot.*

Comment ! tu n'es pas mort des coups d'Encyclopédie que je t'ai donnés

PIERROT.

Un somme de quarante-huit heures , et tout a été fini ; au surplus , je viens déclarer à Madame que si elle retourne à toi...

THERESE.

C'est fait ; je l'épouse.

PIERROT.

Eh ! bien , en ce cas, fera le Pierrot qui voudra (*Otant sa veste.*) Je donne ma démission.

THERESE.

Je l'accepte.

M. CHOSE.

Et moi , je prends la survivance.

Air : *Au clair de la lune.*

Je te vois, ma chère,
L'amour aussitôt,
Me fait, pour te plaire,
Devenir Pierrot.
Tu deviens ma femme,
Ce n'est point un jeu,
Il faut à ma flamme
Rallumer ton feu.

VAUDEVILLE.

Air *du Vaudeville du Tocsin.*

GROS-PIERRE.

Si tout c'qui n'mérite pas d'nom,
Devait s'appeler Chose,
Dans l'monde on verrait tout d'bon
Plus d'un monsieur Chose.

CHERUBIN.

Pour tel qui calcule
L'effet et la cause,
Marionet's ou l'Opéra
C'est ben la mêm' chose.

BOISJOLI.

On annonce avec fracas,
Des vers, de la prose,
Mais quand ça paraît, hélas!
Ce n'est pas grand chose.

GUILLERI.

Sur chacun, soir et matin,
Monsieur Martin, glose;
Faut l'rosser, monsieur Martin,
G's'ra pour quelqu'chose.

M. CHOSE.

Quelle dot Lucas promet
En épousant Rose;
Quand il faut venir au fait,
Il reste tout chose.

PETIT-JACQUES.

L'amant paraît doux et bon
Lorsqu'il se propose;
Mais l'mariage dit-on,
Change bien la chose.

JAVOTTE.

Que pourrait nous reprocher
Un censeur morose;
Il n'irait pas se fâcher
Pour si peu de chose.

F I N.